Ricarda Paech

So ist die Natur ...
... manchmal

Gedichtband

Bibliografische Information der Deutschen
Nationalbibliothek

Die Deutsche Nationalbibliothek verzeichnet diese
Publikation in der
Deutschen Nationalbibliografie;
detaillierte bibliografische Daten sind
im Internet über http://dnb.d-nb.de abrufbar.

© 2012 by Ricarda Paech
Verlag: tredition GmbH, Hamburg
Bilder: Gettyimages

ISBN: 978-3-8491-2062-7
Printed in Germany

Für alle, die die Natur respektieren!

**„Die Natur braucht den Menschen nicht!
Aber der Mensch braucht die Natur!"**

„Erst wenn der letzte Baum gefällt,
der letzte Fluss vergiftet,
das letzte Tier getötet ist,
werden die Menschen vielleicht
merken,
dass man Geld nicht essen kann!"

(Indianische Weisheit)

23.55 Uhr

Diese Welt wird sterben!
In einem Meer aus Scherben
wird sie liegen und dann untergehen,
kein Mensch wird sie mehr sehen,
doch Tränen brauchst Du nicht vergießen
und auch nicht Deine Augen schließen,
denn sie geht nicht unbekannt,
nein, sie stirbt durch Menschenhand!

23.55 Uhr,
es ist Fünf vor Zwölf,
die Turmuhr schlägt den Takt der Zeit
und diese Erde ist bereit,
dem Leben der Menschen zu entfliehen,
mit Sonne, Mond und Stern zu ziehen!

Jahrelang gequält durch Experimente,
geht diese Welt nun in Rente,
denn vergiftet, vermüllt, zerstört,
ist nicht das, was zum Leben gehört,
sie konnte nicht rufen, nicht schreien,
sich nicht wehren, sie musste so sein,
wie Macht, Geld und Gier sie wollten,
ihr Wunsch nach Leben hat nicht gegolten!

Die Natur wird sich rächen

Im Sommer `97 ist die Oder über die Ufer getreten,
mehr als 8000 Menschen konnten nur noch beten,
dass ihre Häuser später immer noch stehen
und sie ihre Familien wiedersehen!
Eine Spur der Verwüstung hinterließ ein Orkan,
der mit über 200 Stundenkilometern kam
und über Südeuropa fegte
und sich auch so schnell nicht legte!
Viele Menschen verloren schon ihr Leben,
überall kann es Naturkatastrophen geben,
denn jeden Tag zeigt die Natur, was ihr nicht passt,
doch der Mensch zerstört sie - ohne Rast!

Die Natur wird sich rächen,
denn was wir tun, ist ein Verbrechen!
Wir brauchen die Natur zum Leben,
denn sie kann uns alles geben!
Aber die Natur braucht uns nicht!

Waldbrände wüteten im Westen von Amerika,
die Feuerbrunst vernichtete fast 3 Millionen Hektar,
tausende Menschen wurden evakuiert,
im Sommer 2000 ist das passiert,
Forst und Buschland wurden Opfer der Flammen,
die von überall her kamen!
Orkane, Brände, Überschwemmung
kennen keine Mauern, keine Hemmung!
Über 1000 Menschen starben,
der Sachschaden beträgt Milliarden,
die Natur zeigt ihr Gesicht,
doch die Menschen lernen nicht!

**Wenn die Natur sich rächt,
hat der Mensch nur noch Pech!**

Am Riff der Teufelsrochen

Groß und dunkel schwebt er über dem Riff,
man erkennt ihn gut – auch vom Schiff,
sieben Meter Spannbreite, zwei Tonnen Gewicht,
der Teufelsrochen zeigt sein Gesicht!
Wie Vögel schweben sie durchs Wasser
und das ist hier ein wenig nasser,
denn klaffende Bisswunden tragen alle wie ein Mal
und immer größer wird die Zahl!

Am Riff der Teufelsrochen
wird der Bann gebrochen,
doch es bleibt immer die Frage,
liegt es an der einzigartigen Lage
oder an den Fischen, die die Wunden putzen
und so den Riesenmantas nutzen?

Tag für Tag kehren sie an die gleiche Stelle zurück,
die Küste Mosambiks bringt ihnen Glück,
aus weiten Teilen des Indischen Ozeans kommen sie,
die Fischer erzählen von Legenden und Magie!
Doch Sandtigerhaie, das haben Forscher erkannt,
werden verantwortlich für die Wunden genannt,
das „Manta - Riff" birgt noch viele Geheimnisse in sich,
aber besser ist, Du kennst sie nicht!

Das eisige Herz der Welt

Das Höhlensystem im ewigen Eis,
birgt ein Geheimnis so heiß,
wenn der gigantische Eispanzer schmilzt,
gestehe, dass Du den Zauber willst,
dann fließt Süßwasser Richtung Ozean
und kommt nach tausenden Kilometern an!
Im Herbst versiegt der Wasserstrom,
doch ein Jahr Versorgung ist gerettet schon!

Das eisige Herz der Erde liegt in Grönland
und ist bei Forschern wohl bekannt,
der Abstieg in die Vergangenheit,
hält vielleicht ein Geheimnis bereit!

Nur mit einem Eispickel findet man Halt,
es ist mehr als eisig kalt,
mit jedem Schlag folgt ein Regen Rasiermesser-scharfer
Splitter,
es glänzt eine Welt aus Schneesternen und Eisgitter,
unten ein tiefblauer Abgrund,
mit spitzen Zacken im Schlund,
Milliarden Tonnen Eis, der Gletscher bewegt sich,
wer hier nach Leben sucht, findet eisiges Licht!

Regentropfen geboren

Geburtshelfer sind Schwebeteilchen,
es blühen Rosen und Veilchen,
sie bestehen aus Ruß, Bakterien, Pflanzenpollen,
im Eismeer treiben Schollen,
an aufsteigenden Wasserdampftröpfchen kondensieren
sie,
der Wind spielt seine Melodie,
durch Turbulenzen in den Wolken stoßen sie zusammen
und verschmelzen,
Bücher kann man in der Zeit wälzen!

Wie wird ein Regentropfen geboren,
in den Weiten vom Himmelszelt?
Wie kommt er zur Erde,
in der verträumten Regenwelt?

Werden die Tröpfchen schwer, fallen sie zur Erde,
das Glück liegt auf dem Rücken der Pferde,
mit einer Geschwindigkeit von neun Metern pro Sekunde,
wem schlägt die schwarze Stunde?
So fällt der Regen jeden Tag irgendwo
und das geht schon seit Jahren so,
denn der Lauf der Natur,
ist das Leben pur!

Agaporniden

Ein Geheimnis für die Menschenwelt,
wie man lebenslang gefällt,
doch niemand wird es je lösen,
der Mensch, verfolgt vom Bösen,
fängt nichts mit der Liebe an,
die er für ewig haben kann!
Doch ein Rosen- oder Pfirsichköpfchen,
gurrt hell aus dem Kröpfchen,
von nun an nur wir Zwei,
von nun an bin ich immer dabei!

Den Schlüssel zur ewigen Liebe,
das, was immer bliebe,
der mit dem man sich für immer paart,
den erkennt die kleinste Papageien-Art!

Die Dame des Herzens füttert er,
sie gibt ihn nie wieder her,
er darf auf ihren Rücken steigen
und im ewigen Liebesreigen,
werden andere Tiere weg gebissen,
denen geht es dann beschissen
und sie haben keine Chance auf Glück,
einmal entschieden, gibt es kein Zurück,
doch da sie sich zum Verwechseln ähnlich sehen,
kann es hier nicht ums Aussehen gehen!

Indian Summer

An der Ostküste der USA und Kanada,
wo ich schon mehr als einmal war,
begrüßt der „Indian Summer" mich
und ich liebe dieses Licht!
Das Leben hat zu dieser Zeit,
ausgestreckte Flügel, ganz weit
und diesen Naturfilm live zu sehen,
ist einfach nur unglaublich schön!
Das ganze Land im Farbenrausch,
da sitzt niemand auf der Couch,
sondern vor Holzhäusern auf der Veranda
und im Schaukelstuhl ist man so nah,
an dieser goldenen Farbenpracht
bis dann beginnt die Nacht!

Indian Summer, jedes Jahr
bist Du wieder da
und das flammende Rot von Ahornbäumen,
verleitet mich zum Träumen!
Indian Summer immer wieder,
singst Du Deine Lieder!

Kräftiges Purpur glänzt rot wie Blut
und die Ureinwohner wissen, warum es das tut,
vom „Großen Bären" der jedes Jahr im Herbst erlegt,
hat sich das Blut auf die Blätter gelegt
und nun leuchten sie immerzu,
gedankt sei „Jäger Manitu"!
Sattes Orange von Kürbissen und „Halloween",
hier kann man nicht einfach so weiter ziehen,
wie Goldtaler funkeln Birkenblätter in der Sonne,
das zu erleben, ist die reinste Wonne!
Schäfchenwolken sieht man im kristallenen See blitzen
und wie hin getupft die weißen Kirchturmspitzen!
Ich will meine Augen nie wieder schließen,
ich will das nur genießen!

Indian Summer, jedes Jahr
bist Du wieder da
und das flammende Rot von Ahornbäumen,
verleitet mich zum Träumen!
Indian Summer immer wieder,
singst Du Deine Lieder!

Der Skorpion

Sagen und Mythen ranken sich um sie
und ein Hauch der Todesmelodie,
die wütende Göttin Artemis bringt einen Skorpion
hervor,
Jäger Orion steht vor dem Tor
und wird getötet von ihm,
denn er kann nicht mehr fliehen,
beide werden als Sternbilder an den Himmel versetzt,
tiefe Gefühle wurden verletzt,
denn die Feindschaft lebt dort weiter,
man sieht die Zwei nie zur gleichen Zeit als
Himmelsreiter!

Der Skorpion zeigt seinen Giftstachel,
der Skorpion ist auf der Hut,
der Skorpion lebt in der Nacht,
der Skorpion hat böses Blut!

Wenn die Sonne das Sternbild des Krebses
durchwandert,
sind Jungskorpione gelandet,
sie sollen den bösen Blick abwenden
und als „Skorpenöl" enden,
als Talisman die Stadt Emesa schützen
und manchen Aberglauben stützen,
auch vom Oberkörper Mensch, Unterkörper Skorpion,
hörte die Geschichte schon,
im Süden, Westen, Osten, Norden,
nur der Seeskorpion ist ausgestorben!

Der Herr der Felder – Micromys minutus

Du gehörst zu den Nagetieren der Welt,
lebst in den Ähren, wie es Dir gefällt,
rund 400 Quadratmeter gehören Dir,
Getreidekörner sind Dein Revier!
Die größte Familie bildet die „Echte Maus",
in tropischen Regenwäldern, Wüsten, Tundren seid ihr zu
Haus
und die „Gelbhalsmaus" man glaubt es kaum,
lebt in acht Metern Höhe auf einem Baum!

Du wiegst nur ein paar Gramm
und bist winzig klein,
doch regierst beachtliche Felder,
um König der Welt zu sein!

Zwergmaus – maximale Länge: 75 Millimeter,
höchstens sieben Gramm und auch später,
wird es nicht mehr, aber clever ist sie,
Insekten im Flug erbeuten, ist keine Magie,
mühelos können sie sich durch Halme hangeln,
mit doppelt so großen Jungvögeln rangeln,
ihr langer Schwanz ist Anker und Sicherheitsleine,
Angst vor luftigen Höhen haben sie keine!

Du wiegst nur ein paar Gramm
und bist winzig klein,
doch regierst beachtliche Felder,
um König der Welt zu sein!

Mit ein paar Hinterbeinen voller erstaunlicher
Sprungkraft,
werden von einer Ähre aus bis zu 30 Zentimeter
geschafft,
zur Jungtieraufzucht bauen sie ein Kugelnest
und der Ball ist so sicher und fest,
dass die Jungen im Innern sicher sind,
vor Feinden oder starkem Wind,
Micromys minutus – Zwergmaus,
das weite Feld ist Dein Zuhaus!

Der blutende See

Weiße Frauen locken Menschen in den See,
weil eine Frau früher mal Unrecht erlitt
und während ich an Deinem Ufer steh,
mein Blick über Deine Schönheit glitt,
steigt die rosafarbene Schicht des Bodens nach oben,
schwefelverarbeitende Purpur-Bakterien,
die Seelen, die dort wohnen, toben
und ich würd am Liebsten flieh'n!
Doch der „Alatsee" hat wahnsinnige Energie,
Anziehungskraft und ist ein „heiliger Ort",
ich fühle diese dunkle Magie,
ich bleib hier und will doch fort!

Der blutende See,
wurde auf ewig verflucht,
der blutende See,
wurde auf ewig besucht!

Esoteriker pilgern gerne hierher,
trinken das Wasser, um gesund zu bleiben,
doch Fischen geht hier nicht mehr,
die Atmosphäre kann man nicht beschreiben!
An den Ufern wachsen Alpenheckenrosen,
Bäume wuchern in seltsamer Form
und ein wildes Tosen,
ist hier an der Norm!
Dein Boden ist zerfurcht, hat Risse und Spalten,
wird Dein Rot ohne Sauerstoff nach oben schweben,
wird das niemand behalten,
denn es zerstört alles Leben!

Schwarzes Gold

Du entstehst aus abgestorbenen Meeresorganismen,
während mehreren Millionen Jahres-Prismen,
die am Meeresgrund abgelagert sind
und fehlt der Sauerstoff geschwind,
wird über Faulschlamm und gespaltenen Kerogenen,
per Migration, Erdöl und Erdgas entstehen!

Schwarzes Gold,
Du bist so sehr gewollt,
denn Du versprichst das große Geld
und Geld regiert die Welt!

Schon vor tausenden Jahren wurdest Du gefunden,
durch die niedrigere Dichte als Wasser drehst Du Deine
Runden
und steigst zwischen Schieferton und Sand nach oben,
direkt an der Erdoberfläche wird man Dich loben,
wirst gesucht – wie Wild vom Jäger,
Du bist der wichtigste Energieträger!

Schwarzes Gold,
Du bist so sehr gewollt,
denn Du versprichst das große Geld
und Geld regiert die Welt!

**88 Millionen Barrel Öl werden jeden Tag
verbraucht
und „Peak Oil" ist schon aufgetaucht!**

Eisiges Land

Kühl weht der Wind,
dem wir verfallen sind,
minus 60 Grad ist es kalt,
die Natur ist ein Winterwald
und doch sollte man wissen,
in wenigen Jahren wird man Eisbären vermissen,
wenn das Meer-Eis schmilzt, Du eisfrei bist
und der Mensch der Verlierer ist!

Eisiges Land,
Dir steht keine Wärme!
Eisiges Land,
Du liegst in der Ferne!
Eisiges Land,
schenk mir Deine Träume!
Eisiges Land,
lass mich nicht alleine!

Unheilbar fasziniert von der Größe des Nichts,
hier in der Arktis trägt die Zeit einen Teil des Gewichts,
„Arctic bitten" und Unendlichkeit,
gekühlte Wärme und der Weg ist weit,
das eisige Reich der weißen Bären
ist bedroht und sie können sich nicht wehren,
der König im Schnee, der nie Probleme mit der Kälte hat,
fällt dann leider in ein sehr tiefes Grab!

Amazonas Delphin

Als Jungtier bist Du noch silbergrau,
hast winzige Augen, in die ich schau,
Deine Schnauze ist mit Borsten besetzt,
Dein Silbergrau wird später durch rosa ersetzt,
bist drei Meter lang, kannst Dich in Fischernetzen
verfangen
oder aus Neugierde in Schiffspropeller gelangen!

Pink River Dolphin,
im Amazonas schwimmst Du,
die Besonderheit ist Dein Gebiss,
doch ich würde Dich so gern berühren,
ob sich das wohl einrichten ließ?

Ein Mythos sagt, ein ertrunkener Mensch wird zum
Flussdelphin
und kann im neuen Leben ab und zu, als Mensch ziehen,
im weißen Anzug als junger, gutaussehender Mann,
er die Mädchen reihenweise verführen kann,
doch am nächsten Morgen schwimmt wieder ein Delphin im
Fluss
und neun Monate später weiß man, es war mehr als nur ein
Kuss!

Vergessener Kontinent

Fast alle Inseln sind durch gewaltige Vulkanausbrüche
entstanden,
wo sie festen Boden erst Tausende Meter unter dem
Meer fanden,
es verliert sich alles in unendlichen Weiten des Pazifik,
ein blaues Nichts ohne Land ist pures Glück,
um Menschen zu begrüßen, stoppen Wale Schiffe,
um die Vulkane bilden sich Korallenriffe!

Ozeanien – Unbekanntheit der Südseestaaten,
Palmeninsel, die nur Luft und Liebe hatten,
Du bist ein extrem zerbrechliches Paradies,
das der pazifische Feuerring hinterließ!

Eine Insel namens „Fonouafo'ou" - „Neues Land",
bereits 1894 unter dem Meer verschwand,
um zwei Jahre später 320 Meter hoch wieder zu
erscheinen,
zu verschwinden und bei dem Jo-Jo-Effekt könnte man
meinen,
unruhiger Untergrund, ein Ring aus Feuer,
ein Naturwunder – doch kein Ungeheuer!

Versunkene Stadt

Überall auf der Welt
liegen antike Metropolen im Erdboden versunken,
überall auf der Welt
sind wahre Schätze im Meer ertrunken!

Der Dschungeltempel von Angkor,
Geheimnis-umrankt, ragt nicht mehr hervor,
auch Pompej am Fuß des Vesuvs,
scheint schon lange verflucht,
einst blühende Metropolen und wunderschön,
sind heut nur noch Ruinen zu sehen!

Fantastische Baukunst erzählt Geschichten,
die von mystischen Tempelanlagen berichten,
auch Rungholt versank im Meer,
Sturmfluten gaben nichts mehr her
und ein Teil des Hafens vom antiken Alexandria,
ist heute einfach nicht mehr da!

Insel Antirhodos mit königlichem Palast,
auch mit Dir wurde sich schon befasst
und Kap Lochias mit Tempeln und Gärten,
mit bunten Blumen und vielem zum Ernten,
gingen unter in Flutwellen und Erdbeben,
doch als Mythos werdet ihr alle weiterleben!

Jäger der Nacht

Ein fast zwei Meter großer Schatten huscht vorbei,
im Mondlicht wirkst Du gar nicht scheu,
Dein Erfolgsgeheimnis in der Nacht,
ist aus drei Dingen gemacht;
die ausgefranste Außenseite besonders weicher
Schwingen,
verhindern das an den Flügeln Luftwirbel singen,
so wird die Beute lautlos überrascht
und sie wird auch noch schnell erhascht!
Ein Drittel der Schädelmasse bilden die riesigen Augen,
sie können fünfmal weniger Restlicht glauben!

Jäger der Nacht,
Deine Zeit ist da,
doch entgegen dem Klischee,
nimmst Du auch die Sonne wahr!

Dein Trommelfell ist größer, Dein Hörzentrum gut,
die Herkunft von Schall genau bestimmen, braucht
keinen Mut,
Du verfügst über eine akustische Landkarte Deiner
Umwelt,
die Deiner Beute nicht so gefällt,
den Herzschlag einer Maus kannst Du orten, selbst unter
Schnee,
eine Ratte in zehn Meter Entfernung im See,
dabei war der Uhu fast ausgerottet schon,
nun sitzen viele Brutpaare auf den Thron,
in hohen Kirchentürmen, Parks, Mooren sind sie zu
finden
und werden hoffentlich nie wieder verschwinden!

Jäger der Nacht,
Deine Zeit ist da,
doch entgegen dem Klischee,
nimmst Du auch die Sonne wahr!

Uhu, Habichtkauz, Waldkauz, Rauhfußkauz, Steinkauz,
Sperlingskauz, Waldohreule, Sumpfohreule, Schleiereule,
Zwergohreule – lebt weiter!

Die sieben ewigen Feuer der Erde

Das glühende Herz der Welt ist fern,
der 7000 Kilometer dicke Erdkern,
heiße Hölle in tausender Tiefe,
ein ewiges Feuer, das so tut, als ob es schliefe,
doch die Erde mit Energie versorgt
und sich keine Kraft vom Tor zur Hölle borgt!

Der brennende Wasserfall von Amerika,
ist schon seit Jahrhunderten da,
die Flammen sind nur 20 bis 50 Zentimeter hoch,
in feuchten Grotten brennen sie doch,
unter dem Wasserfall ein natürliches Erdgasfeld
den „Eternal Flame Fall" erhellt!

Der schwarze Schlund in China,
schreit schon lange: Gefahr,
Flammen schlagen aus dem Boden,
Rauchsäulen steigen nach oben,
ein beißender Schwefelgeruch liegt über den Feldern,
verbrannte Kohle über Städten und Wäldern!

Der ewige Vulkan in Italien,
kann sich seit zweitausend Jahren nicht beruhigen,
kontinuierlich aktiv durch „Zwei-Phasen-Konvektion",
ein stetiger Kreislauf ermöglicht das schon,
aus emporsteigenden Gasblasen, die Magma-Fetzen
ausspeien
und sich gleichzeitig in absinkenden Lavamassen einreihen!

Das Tor zur Hölle in Turkmenistan,
dort sammelt sich Milliarden Kubikmeter Methan,
bei Temperaturen von 1400 Grad über Jahrmillionen,
eine Explosion konnte nichts mehr schonen,
nun lodert ein Krater, „des Teufels Feuerzeug",
die Natur hat den Menschen gebeugt!

Die Geisterstadt in Pennsylvania,
ist wegen einem Funken nicht mehr da,
der von einer Mülldeponie auf die Kleinstadt Centralia
übersprang
und dann alles Leben verschlang,
Bäume werden über Nacht zu Asche – heute noch,
Gebäude brennen plötzlich wie ein Docht!

Der mysteriöse Flammenteppich in Los Padres
Nationalpark gilt lange schon als gelöscht,
doch der Boden dampft bis heute,
Schuhsohlen der Forscher sind leichte Beute,
sie sind geschmolzen, doch was genau dort passiert,
hat bis heute niemand wirklich kapiert!

Die sieben ewigen Feuer der Erde
sind faszinierend und zerstörerisch zugleich
und wie weit das Leben reicht,
wird nie jemand erfahren!

Die Farbe der Welt

Nirgendwo auf der Welt ist das Royalblau so intensiv,
bedingt durch das geringe Wassertief
und dem hellen Korallen-Untergrund,
dieser Bereich im Indischen Ozean ist noch gesund,
denn nur 220 von 1190 Inseln sind bewohnt,
die Malediven werden – trotz Tourismus – Umwelt-
geschont!

Ziervogel-Händler hätten ihn fast ausgerottet,
doch Dein Lichtblau hat sie verspottet,
Hyazinth-Ara – Du bist so einzigartig schön,
wirst als größter, lebender Papagei gesehen,
doch leider wird bei Dir auch gelten,
es gibt Dich viel zu selten!

1850 Kilometer ist Deine Küste lang,
Opalblau verleiht Dir seinen Klang,
seichte Buchten glitzern wie Diamanten,
ob Maler je eine schönere Farbe kannten?
Türkis und Königsblau haben eine Chance,
vor Sardinien hat das Wasser diese Nuance!

Dein Enzianblau hat eine positive Kraft,
Dein natürlicher Charme hat es geschafft
und im Mittelalter eine heilende Wirkung gegen bösen
Zauber,
Akelei – Glocken- und Sternenförmige Blüten wirken so
sauber,
bist als Blume einfach toll,
heilst die Seelen liebevoll!

Surfer aller Welt wollen Deine schönen Wellen,
die Brillantblau im Pazifik zerschellen,
die stetigen Passatwinde sorgen für das Gefühl,
Hawaii – hier wird es nie kühl,
ich hoffe, der „Hotspot" geht niemals verschwunden,
denn hier wurde das Wellenreiten erfunden!

Libelle

Fast lautlos bricht ein Stück aus der Larvenhülle
und ein fliegender Diamant zeigt seine Fülle,
aus braunem Larvenmantel schlüpfen sie,
das Leben summt ihre Melodie!
Zwei Jahre hat sie im Wasser gelebt,
bevor sie im grünblauen Sommerkleid davon schwebt,
mindestens zehnmal häuten sie sich,
als bunte Sommerboten erfreuen sie Dich!

Königin der Gärten,
weil Deine Flügelpaare in unterschiedlichen Rhythmen
schlagen,
fliegst Du so einmalig gut – kaum zu ertragen,
deshalb kannst Du auf der Stelle stehen,
rückwärts fliegen und in die andere Richtung sehen!

Drei Dinge gibt es in ihrem Leben zu tun,
bei einem Sonnenbad am Wasser auszuruh'n,
in der Luft nach anderen Insekten jagen
und einem Partner „Ich will Nachwuchs!" sagen!
Durch mehr als 60.000 Facettenaugen zum „in alle
Richtung schauen",
kann sie bis zu 200 Bildern vertrauen,
glänzend blaue Körper, glitzernde Flügel so schön,
feuerrote Augen – so kann man sie sehen!

Sonnenflecken

Acht große Planeten stehen in Deinem Bann
und unzählig Kleine kreisen Dich an,
gigantisches Kraftwerk, Fixstern,
so bezeichnete man Dich früher gern,
doch Du bewegst Dich um Dich,
elektromagnetische Feldlinien zeigen sich,
werden permanent durcheinander gewirbelt,
dunkle Zonen werden erzwirbelt,
sogenannte Sonnenflecken
sollte man dann entdecken!

Sie sind Beweis, dass die Sonne lebt,
pulsiert und im Universum schwebt,
eine unvorstellbare Kraft kommt aus ihr heraus,
doch die Botschafter bleiben aus,
vielleicht ein typisch solares Minimum,
Pause in der Sonnenaktivität kennt man schon,
normale Dauer ist ein Jahr,
aktuell sind es vier – eine Gefahr?
Im Inneren der Sonne muss sich etwas grundlegend
verändert haben,
doch wie lange diese Eiszeit noch dauert, kann niemand
sagen!

Eisberg

Millionen Eisberge werden weltweit geboren,
ohne sie wären Pinguine verloren,
denn in den Ozeanen schmelzen sie herab
und geben Mineralien an das Wasser ab,
für Algen und Fische ein Mittagstisch
und die Schwimmer im Frack lieben Fisch!
Der Nördlichste der Südhalbkugel landete in Rio de
Janeiro,
vier Rockhopper-Pinguine saßen auf ihrem Po
und führen nun ein Copacabana-Leben,
im schönsten Sonnenschein und wenig Regen!

Du bist der wahre Herrscher im Ozean,
mit Dir fangen Wunder an,
auch wenn die Titanic wegen Dir versank
und der Traum vieler Menschen ertrank!

Auf der Nordhalbkugel bedeuten sie tödliche Gefahr,
denn 20 Millionen Tonnen gefrorenes Süßwasser
erscheinen nicht auf dem Radar,
Eis hat beinahe die gleiche Dichte wie flüssiges Wasser,
nur Glaziologe Benoit de Baize ist krasser,
er besteigt die Höchsten der Welt für die Struktur,
über 2000 Jahre altes Eis erlebte er pur!
Bohrinseln können nicht weichen,
doch man kann schon ein bis zwei Grad Wegänderung
erreichen
und auch heute weiß man schon ziemlich genau,
hat sich ein Berg gedreht, leuchtet er strahlend Weiß
oder durchsichtig Blau!

Der Boden unter unseren Füßen

In Dir sind die vier Sphären vereint,
Gestein, Lebewesen, Wasser, Luft sind gemeint,
Litho-, Bio-,Hydro- und Atmosphäre genannt,
lebensnotwendig und daher bekannt!
Erde wächst aus dem Grundgestein,
wenn das zerfällt, wird es lange danach so sein,
Granit besteht aus Quarz, Feldspat, Glimmer,
zerfallene Tonteilchen nehmen den Schimmer,
Quarz wird zu Sand und die Weisen
wissen, die Färbung entsteht durch oxidiertes Eisen!

Der Boden unter unseren Füßen,
ein Universum voll Geheimnisse lässt grüßen,
er wächst, schrumpft, stirbt und lebt,
wenn Leben geht und Leben entsteht!

Die Erde unter uns ist unvorstellbar groß,
für unzählige Lebewesen ein Schoß,
Regenwürmer, Milben, Pilze, Algen
brauchen sich um Platz nicht balgen!
Sogar die Sahara ist nicht lebloser Sand,
bis zu eine Milliarde Bakterienzellen haben das erkannt,
doch unterirdische Verklappung von Kohlendioxid,
scheint der neue menschliche Hit,
wir tun es ohne den Erdboden zu fragen,
eines Tages wird er uns seine Antwort sagen!

Blizzard

Ein starker Schneesturm rast heran,
so schnell, dass ich nicht atmen kann,
entstehst infolge eines kräftigen Kälteeinbruches,
bist wie die letzte Seite eines Buches,
aus Richtung der Polarregionen
und Du wirst nichts verschonen!

Mit hoher Windgeschwindigkeit jagst Du durch mein
Leben,
ich blicke unruhig auf, kann nichts mehr geben,
denn alles was ich seh,
sind große Mengen Schnee!

Polare Kaltluft im Tiefdruckgebiet
und alles, was man mir noch riet,
ist nicht nach Süden zu gehen,
die Natur würde ich gern verstehen,
die Temperaturen sinken auf Minus sechs Grad,
Black Blizzard – und Du setzt alles Schach Matt!

Der Sphinx

Menschenkopf auf Löwenkörper,
blickst auf das Plateau von Giseh,
ein Rätsel, Fantasie, Klischee,
Archäologie und Abenteuer,
schön, bewundert, ungeheuer!

Schon im alten Ägypten galt der Sphinx als Monument,
an denen man die Götter erkennt,
von Legenden umgeben – noch heute,
Wallfahrtsort für viele Leute,
Menschen glauben, wer die Geheimnisse löst,
erhält geheimes Wissen – sehr bös,
das unsere ganze Welt,
Tag und Nacht in Atem hält!
Es soll in verborgenen Kammern des Tunnelsystems
liegen,
die sich zwischen Sphinx und den Pyramiden biegen,
entdeckt wurde nun ein tiefer Schacht,
Krypta – eine tonnenschwere Sarkophagen-Wacht!

Die Frage bei der sich Wissenschaftler streiten,
wird niemals Antworten bereiten,
wenn Pharao Chephren ca. 2600 v. Chr. die Sphinx
erbauen kann,
woher stammen die tiefen Erosionskanäle dann?
Massig Regen muss über den Stein geflossen sein,
doch zu der Bauzeit brach trockenes Wüstenklima
herein,
nur vor 10.000 Jahren v. Chr. war die Sahara grün
und die Menschen sahen alles blüh'n!

Doch soviel kann man mit Sicherheit sagen,
der Sphinx wurde aus dem Stein eines 50 Millionen Jahre
alten Korallenriffs geschlagen,
seitdem schleifen Stürme den Fels und das schadet dem
Stein
mehr als die Jahrhunderte unter Wüstensand im
Vergessen sein!
Auch der Smog vom nahen Kairo,
fordert die Tribute so,
die Nase schlug ein Mann mal ab,
Wind und Sandstürme schaffen es nicht zu knapp,
20 Kilogramm zerbröseln jährlich zu Sand,
Sphinx – bald bist Du verloren und unerkannt!

Die ägyptische Altertumsbehörde verbietet jegliche
weitere Forschung!

Stierkampf

Was würde ein Stier wohl sagen,
könnte man ihn fragen,
wie er es findet,
wenn er sich unter Lanzen windet,
gereizt und provoziert,
in die Arena drapiert,
schreiende Menschen drumherum,
die denken, Stiere seien dumm!

Frankreich, Spanien, Lateinamerika,
was bitte, macht ihr da?

Männer auf Pferden hetzen sie im Kreis
und was man auch nicht weiß,
den Pferden werden die Augen verbunden,
sie sehen die Stiere nicht, tragen Wunden
und der „tolle" Matador,
tritt erst dann hervor,
wenn das Tier erschöpft und matt,
schon keine Chance mehr hat!

Ohren und Schwanz sind Trophäen,
das wollen die Zuschauer sehen!

Dieses feige Ereignis ist für Stiere eine Qual,
denn sie haben keine Wahl
und würden wir die Stiere fragen,
was würden sie uns Menschen wohl sagen?

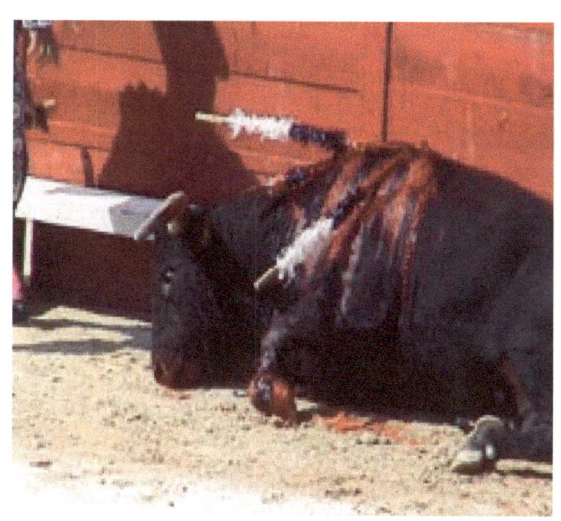

Wächter der Savanne

Regel Nummer Eins: Mach es Dir bequem!
Bei Regen wirst Du keine Manguste sehen,
auch Kälte, Hitze, starkem Wind,
entfliehen sie geschwind
und körperliche Arbeit meiden sie,
ein bellender Warnruf heißt: Feind in Sicht! Flieh!
Droht Gefahr werden die Jungen bei der Flucht
unterstützt
und im Notfall mit dem eigenen Körper beschützt!

Hallo Erdmännchen, Du hast ein mutiges Herz,
kennst keine Angst, doch den Schmerz,
der Skorpion ist Deine Lieblingsspeise,
Du gehst niemals allein auf die Reise!

Regel Nummer Zwei: Freundschaft,
alles Andere wird dahin gerafft,
Aufgabenteilung ist klar strukturiert,
nichts was plötzlich passiert,
je eine Stunde Wachdienst, Aufräumen im Bau,
Babysitten, Unterricht – ja, sie sind schlau
und so sozial, wie kaum ein anderes Tier,
bilden und leben ein Kolonien-Hier!

Linum usitatissimum

Mit zarten Blüten zauberst Du Schönheit in die Felder,
himmelblau, weiß, hellrosa, lila leuchten die Wälder,
von Juni bis August,
kann man ganz bewusst,
den zarten Zauber genießen,
weil Deine Farben anmutig schön sprießen!
Du bist Nahrungsmittel – selten genutzt,
wirst als Heilpflanze und Rohstoff benutzt!

Linum usitatissimum
bedeutet vielfältige Nutzbarkeit,
Linum usitatissimum
jetzt ist wieder Deine Zeit!

Flachsbeere im Volksmund genannt,
auch homöopathisch schon bekannt,
die Samen in Kapseln aus der Blüte entstanden,
bietet Schutz vor Krebs – wie Forscher heraus fanden!
Im Oktober zum Ernten bereit,
Deine Vielfältigkeit reicht weit,
Heuschnupfen, Blasenreizung, Asthma,
für vieles bist Du da!

König der Lüfte

Die Flügel weit geöffnet, eisiger Blick,
aus 800 Metern Entfernung gibt es kein Zurück,
der Fisch muss dran glauben,
erspäht aus Weißkopfseeadler-Augen,
mit 150 Kilometern pro Stunde geht's in die Tiefe,
wenn ausnahmsweise die Wildgans riefe,
die 1,5 Meter langen Flügel liegen dicht am Körper an,
niemand der sich vor dem Herrscher der Lüfte retten
kann!
Du giltst als heilig in Amerika,
wer Dich tötet, begibt sich in Gefahr,
Gefängnis und Geldstrafe steht auf Dein Federkleid,
denn Du bist das Symbol grenzenloser Freiheit!

König der Lüfte,
mit Schwingen so weit,
für ewige Liebe bist Du bereit,
flieg so weit Du fliegen kannst,
starker Vogel ohne Angst!

Der Truthahn war Dein Konkurrent um den Thron,
doch auch den besiegtest Du schon,
wurdest zum Wappenvogel ernannt
und bist nun weltbekannt!
Dein Nest ist bis zu zwei Tonnen schwer,
das macht ein ausgewachsener Elefant her,
vier Meter Breite für ein bis drei Eier,
bis zu fünf Jahren dauert der graue Schleier,
dann wird das Federkleid schwarzbraun und weiß
für Liebe kurze Zeit balzen, ist der Preis,
bis zu 40 Jahren wirst Du alt,
eine majestätische Gestalt!

Fliegende Fische

Du hast große, hoch am Körper angesetzte Brustflossen,
mit bis zu 70 km/h kommst Du angeschossen,
Flughöhen bis zu Fünf Metern sind Dein Hier,
Atlantik, Indopazifik, Mittelmeer gehören Dir,
Du katapultierst Dich mit einem Sprung aus dem
Wasser,
gleitest durch die Luft und wirst nicht nasser!

Fliegende Fische können nicht mit den Brustflossen
schlagen,
aber sie werden im Gleitflug über die Wasseroberfläche
getragen!

Als Knochenfisch geboren, auf schwimmendem Objekt,
kleiner als 30 Zentimeter und doch entdeckt,
Flossen-Konfiguration ermöglicht aerodynamisch gute
Luftströmungsverhältnisse,
beim Schwimmen und im Flug gibt es keine
Kompromisse,
über 30 Sekunden kannst Du in der Luft schweben
und bis zu 400 Metern zurück legen!

Killer im Korallenriff

Vor Australiens Südküste im flachen Meer,
gefällt es dem Teppichhai sehr
und seine Tarnung kann man loben,
denn aus buntem Korallenboden
wird Sekunden-schnell ein tödlicher Sog,
der manches Tier um sein Leben betrog!

Wobbegong, Du Zottelbart,
die Natur hat bei 70 Rasiermesser-scharfen Zähnen nicht
gespart
und Du schlüpfst schon im Mutterleib aus dem Ei,
Glück für jeden, der Dir nicht begegnet sei!

Bis zu dreieinhalb Metern lang,
wird auch den Touristen bang,
denn sie beißen nach allem, was sich bewegt,
an ihnen vorbei kommt und sich regt,
blitzartig geht ihr Maul auf und so fein,
saugt der erzeugte Unterdruck die Beute ein!

Eistaucher

Zu den See-Tauchern gehörend, in Island lebst Du,
als Brutvogel sieht man Dir in Grönland zu,
von Nordamerika bis in die Arktis findet man Dich
und auch an der Atlantikküste verliebt man sich!
Deine Flügelspanne geht 150 Meter weit
und Dein schwarz-weißes Rückengefieder ist breit!

Zwischen den Welten der Lebenden und der Toten,
tauchen sie mit Augen – den Roten
und einem Kopf in schimmerndem Schwarz-Grün,
siehst Du die Zugvögel zieh'n!

Die Balz beginnt im Frühjahr auf dem offenen Meer
und auch im Brutgebiet balzt Du noch sehr,
Eure Rufe sind sehr weit zu hören,
diesen Gesang sollte man nicht stören,
Eure zwei Eier sind olivgrün mit dunklen Flecken
und aus Ihnen wird sich neues Leben erwecken!

Sonnensturm

Ein Sonnensturm bedeutet Gefahr durch
Weltraumstrahlung,
denn das Sonnensystem ist im Schwung,
150 Millionen Kilometer von der Erde entfernt,
ein kosmisches Unheil – doch wir haben gelernt,
je weniger der Sonnenkern der Rotation der äußeren
Sonnenschichten folgt,
desto mehr gerät er in Schwingung
und umso heftiger lädt sich die Sonne magnetisch auf,
Sonnensturm – nimm Deinen Lauf!

Die magnetische Aufladung durch unterschiedliche
Geschwindigkeiten
der Rotation ist Ursprung aller Zeiten,
um einen Sonnensturm zu entfachen!

Ein Kernreaktor – wie jeder Stern,
strahlend hell und so fern,
die Energie, die beim Verschmelzen von
Wasserstoffatomen zu Helium entsteht,
ist das was Ihr als Leuchten seht!
Im Innern herrscht ein Druck, der 200 Milliarden Mal
größer ist als auf der Erde,
es ist das Licht, dass es werde!
Doch da es kein fester Körper ist,
wurde etwas festes vermisst,
rotiert um ihre Mitte schneller als an ihren Polen,
Sonnensturm, wann wirst Du toben?

Bunte Blätter

Der Herbst schenkt den Bäumen ein buntes Gewand,
Blätter voller leuchtender Farben wie ein Strauß in der
Hand,
hinter dem Farbspiel verbirgt sich geheimes Wissen,
Bäume erkennen, dass sie die Sonne vermissen,
so lassen sie ihre Blätter fallen, begeben sich zur Ruh,
schenken uns atemberaubende Schönheit, machen die
Augen zu!

Igel und Haselmäuse nutzen die Blätter als Schlafhöhle
im Winter,
Eichhörnchen verstecken ihren Vorrat dahinter,
doch da sie so unglaublich vergesslich sind,
wachsen kleine neue Bäume, geschwind!

Rote Blätter sind ein besonderes Geschenk, sehr selten,
denn das Gesetz der Photosynthese wird gelten,
der Baum zieht Nährstoffe raus, darunter den grünen
Farbstoff,
nun sind gelb und orange die Farben, auf die man hofft,
an den letzten sonnigen Tagen baut der Baum Zucker
auf,
in sehr kalten Nächten kann dieser aber nicht über den
Stoffwechsel-Lauf
in den Stamm transportiert werden, der Zucker bleibt im
Blatt
und bildet dort den roten Farbstoff so satt!

Die kompostierten Blätter bilden neue, nährstoffreiche
Bodenschichten,
die Nährstoffe werden von den Wurzeln aufgenommen
und tun es richten,
dass die Natur die Bäume im Frühling wieder versorgt
weiß
und so schließt sich der ewige Lebenskreis!

Im Herzen der Erde

Eine rund 3 Millionen Jahre alte Welt,
lebt versunken im Herzen der Erde, wie es ihr gefällt,
mächtige Springfluten, Tausendfüßler die giftig sind,
herabstürzende Felsen und kein Wind,
absolute Dunkelheit, kahle Wände,
feuchte Luft, fühlende Hände,
denn Menschen suchen den größten Raum unter der
Erde,
die Kathedrale der Welt, die Wirklichkeit werde!

An der Grenze zwischen Laos und Vietnam,
kamen sie am „Hang Son Doong" an,
eine gigantische Bergflusshöhle gewaschen aus
Kalkstein,
sollte ein kleines und großes Wunder sein,
von einem reißenden Fluss, der unterirdisch zum Meer
strömt,
dessen Anblick sich mit jeder Gefahr versöhnt,
wo Decken eingebrochen sind und Sonne in die Tiefe
fällt,
entstand ein eigenes Leben, eine eigene Welt!

Trockene Oberflächenluft trifft auf feuchtes Höllenklima
und die tiefsten hängenden Wolken der Welt sind da,
schmale Schächte wechseln mit riesigen Räumen,
eine feindliche Welt voller Wunder zum Träumen!

Victoriafälle

Weiße Wolken steigen aus der flachen Savanne auf,
„Mosio-oa-Tunya", donnernder Rauch,
mehr als 500 Meter hoch sprüht die Wasserkraft die
Gischt,
eine ungeheure Macht des Wassers, die nie verlischt,
das Rauschen klingt tosend kilometerweit,
mit der Wucht eines Tropensturms ist alles bereit,
wenn 550 Millionen Liter pro Minute hinunter stürzen,
doch 1,7 Kilometer Breite werden sich verkürzen,
der „Sambesi" stürmt über die Felsen 120 Meter tief
und formt nach und nach die Abbruchkanten schief!
Wie lange wird das noch so gehen?
Wie lange werden wir die Victoriafälle noch sehen?

Danke David Livingstone, als Afrika-Forscher legendär,
Deine Entdeckung 1855 ist schon Jahre her,
doch Touristen aus aller Welt möchten klitschnass sein
und werfen sich in die Regenmäntel rein!

Ein hauchzarte Sprühnebel überzieht das trockene Land,
von vielen Tieren und Pflanzen als Lebensgrundlage
erkannt!

Held der Unterwelt

Meister Grimbart wirst Du auch genannt,
doch Dein Wesen ist geheimnisvoll und unbekannt,
in den Wäldern lebt ihr Zehntausendfach,
seid durch Beutezüge nachts so wach,
mit einem hochsensiblen Geruchssinn,
gebt ihr Euch dem Leben hin,
teilt mit Fuchsfamilien einen Bau
und seid auch sonst so ziemlich schlau!
„Dachskampfregel" Nummer Eins: Groß machen!
bei den furchteinflößenden Lauten gibt es nichts zu
lachen,
erschütterndes Geheul, Kläffen, Zirpen, Knurren,
16 verschiedene Geräusche ohne zu Murren,
„was der Dachs nicht kennt, lässt er links liegen",
er wird immer um die gleiche Ecke biegen!
In einem komplexen unterirdischen System aus Gängen
und Kammern,
gibt es über Sauberkeit nichts mehr zu jammern,
Teppichböden aus Heu und Gras,
bringen Gemütlichkeit und Spaß,
in einer Wohnhöhle dröhnt von bis zu 20 Tieren der
Klang,
der größte Marder als Paar, bleibt zusammen, ein Leben
lang!

Der Beschützer der Erde

Ohne Mond hätte unser Tag nur acht Stunden,
denn seine Masse drosselte die Erd-Runden,
heftige Krater sind auf seiner Oberfläche zu sehen,
Spuren eingeschlagener Gesteinsbrocken, die nie
vergehen,
denn ohne Mond wären sie mit der Erde kollidiert
und das hätte die Menschheit sehr hart gespürt!
Ganze Gebirgszüge auf dem Mond wurden pulverisiert,
durch eine 15 Meter dicke Sandschicht sieht man, wohin
das führt,
dieser Sand, Regolith genannt, zersetzt Raumanzüge,
also ist Mondstaub keine Lüge!
Helium-3 ist einer von den saubersten Energierohstoffen,
mit ihm könnte man auf 10.000 Jahre den Strombedarf
zu decken, hoffen,
denn 500 Millionen Tonnen liegen auf der
Mondoberfläche,
bleibt zu vertrauen, dass sich dieses Wissen, nicht räche!

Die großen Helden

Stunde um Stunde am Himmel, die Beute im Blick,
Geduld ist Deine Eigenschaft und es gibt kein Zurück,
am Ende wartet die Belohnung, denn Tiere sterben,
dann gilt es nur noch den Leckerbissen zu erben!

So werden 64 Tonnen Fleisch und Knochen entsorgt,
die säure-abgebenden Zellen im Magen hätte sich die
Medizin gern geborgt,
Bakterien die Fleisch zersetzen, können Dir nichts tun,
denn gegen all die Bakteriengifte bist Du immun,
alles im Magen wird abgetötet, bevor es Gift produzieren
kann,
unentbehrlich gut kommt das in der Natur an,
Tollwut, Cholera, Milzbrand werden von Bakterien in
verdorbenem Fleisch verursacht,
die, wenn es regnet, ins Grundwasser gespült, echte
Lebensgefahr entfacht!

Deine Augen sind scharf, Deine Flügel die größten der
Welt,
Du kannst die Aussicht genießen, wie es Dir gefällt,
warme Luftströme steigen nach oben und nehmen Dich
mit,
bis zu einer Stunde ohne Flügelschlag genießt Du so
Deinen Ritt!

Schmutzgeier, Sperbergeier, Gänsegeier, Bartgeier,
Kondor,
ihr seid große Helden!

Wie riecht das Meer?

Ich liege am Meer, Sand im Haar,
die Nacht ist hell und sternenklar,
hier kann ich atmen, hier kann ich sein,
hier fühle ich mich nie allein!

Ich liege auf einer Blumenwiese, voller Farben,
auf der alle dunklen Träume starben,
hier spür ich Leben, bin so frei,
hier geht die Zeit niemals vorbei!

Wie riecht das Meer?
Wie schmeckt der Wind?
Wo kommt die Sonne her?
Und wer gewinnt?

Ich stehe im Wind, im Orkan,
die Luft kommt ganz nah an mich heran,
hier toben Mächte, die man nicht beherrschen kann,
hier kommen Kraft und Stärke an!

Ich stehe im Regen, alles ist kalt,
doch auf meiner Haut wird er nicht alt,
hier perlt alles ab, fügt sich dem Kreis,
hier in der Natur gibt es so viel mehr, als man weiß!

Natur

Maulwürfe graben bis zu 400 Meter weit,
ohne Mond wären Orkane bis zu 500 km/h bereit,
Chlorophyll macht Blätter grün,
Regen lässt die Wiesen blüh'n,
Elefanten haben Angst vor Bienen,
Fugu – der Kugelfisch ist als Giftbombe erschienen,
Diamanten werden hart gepresst,
Fledermäuse schlafen im Winter fest,
Regentropfen sind nicht gleich groß,
die Erde ist für Milben, Algen, Pilze ein Schoß,
Marienkäfer sind nicht so alt, wie sie Punkte haben,
Pferde brauchen Koppeln zum leben und traben,
Sand speichert Wasser – den Lebensstoff der Erde,
Kernfusionen zünden, Sterne entstehen, Licht werde,
Seekühe sind vom Aussterben bedroht,
Riffe gehen durch die Menschen tot,
der Ayers Rock gilt als heilig,
Cirrus-Wolken aus Eiskristallen haben es eilig,
schneit es im Oktober gleich,
dann wird der Winter weich,
im Kongo gibt es einen unberechenbaren Vulkan,
irgendwann steigt der Druck in der Magmakammer an,
Echsen können ihren Schwanz abwerfen,
Katzen wollen ihre Krallen schärfen,
Eisbären können sehr gut riechen,
Krokodilkaiman und Suppenschildkröte kriechen,
die Blindschleiche ist keine Schlange,
die Akelei lebt nicht sehr lange,
die Weinbergschnecke hält Sommerschlaf,
zur Landschaftspflege dient das Schaf,

die Wolfskralle hat der Wolf nicht,
die Tannenmeise hat 11-16 Gramm Gewicht,
der Barsch hat zwei Rückenflossen,
Polster-Kissenmoos hat Kalkfelsen genossen,
der Birken-Täubling hat einen weißen Hut,
Gemeiner Goldregen gedeiht in Trockenwäldern gut,
als fast ausgestorben gilt das Grevy-Zebra,
Borretsch ist als Gewürzkraut da,
pro Jahr werden 750.000 Blitze gezählt,
weil Tiere Pelze haben, werden sie lebendig gequält ...

Die rote Liste

Die rote Liste zeigt gefährdete Tier- und Pflanzenarten
und es ist Zeit, wir dürfen nicht mehr warten!
Denn wenn wir die ganze Natur zerstören,
wird uns auch die Erde bald nicht mehr gehören!

Gefährdete Tiere:

Afrikanischer Elefant (Elfenbeinhandel)
Asiatische Nashörner (Wilderei wegen des Horns)
Dornhai (Schillerlocken)
Europäischer Flussaal (Überfischung)
Heringshai (See-Stör)
Menschenaffen (Wilderei und Handel)
Rote Koralle (Schmuck)
Sägefisch (Souvenir oder rituelle Waffe)
Tibetantilope (Fell)
Tiger (Fell und Knochen)

Gefährdete Pflanzen:

Afrikanisches Stinkholz (afrikanische Volksmedizin)
Afrikanische Teufelskralle (Übernutzung)
Amerikanisches Mahagoni (begehrtes Edelholz)
Arnika (Heilpflanze - Verlust geeigneter Standorte)
Blasentang (bedeutende Rolle als Lebensraum für
    andere Tierarten)
Echte Bärentraube (Heilpflanze)
Fieberklee (Medizin)
Frühlings-Adonisröschen (Medizin –
    Lebensraumverlust)
Gelber Enzian (Heilmittel – Lebensraumverlust /

Übernutzung)
Indische Narde (Medizin / Öl – unkontrollierter
   Handel)
Kostus (Heilmittel / Aphrodisiakum)
Ramin (helles Holz – illegaler Handel /
   Lebensraumzerstörung)
Schlüsselblume (Heilpflanze – Verlust geeigneter
   Standorte)
Sonnentau (Heilpflanze – Lebensraumverlust)
Stechender Mäusedorn (Heilpflanze –
   Lebensraumverlust)

Der Verlust der Artenvielfalt ist eine der schlimmsten
Katastrophen, die kaum wahrgenommen wird!
Mehrere Tausend Tier- und Pflanzenarten verschwinden
jährlich von der Welt!
Das Aussterben einer Art ist nicht umkehrbar und birgt
unkalkulierbare Risiken!

Die Bedrohung sind der Lebensraumverlust,
Umweltverschmutzung und die Verdrängung der
heimischen Flora und Fauna!

**NUR DER MENSCH KANN DAS ARTENSTERBEN
AUFHALTEN!!!**

**Lebensräume erhalten und schützen!
Handel kontrollieren!
Erhalt außerhalb von Schutzgebieten!
Artspezifische Schutzprojekte!**

Quelle: WWF

Die Natur hat viele Gesichter … und jeder kennt ein paar davon, viele sind wundervoll, viele sind traurig, viele sind verträumt, viele sind gequält, viele sind hungrig, viele sind dankbar, viele sind verloren, viele sind freudig, viele sind flehend, viele sind eingesperrt, viele sind wild, viele sind lautlos, viele sind verspielt, viele sind gefangen!

Die Natur hat viele Geschichten … und jeder kennt ein paar davon, einige sind herzzerreißend, einige sind schön, einige sind unglaublich, einige sind tränenreich, einige sind kalt, einige sind perfekt, einige sind farbenfroh, einige sind stumm, einige sind gefährlich, einige sind wärmend, einige sind wunschlos, einige sind verachtend!

Die Natur hat viele Worte … und jeder kennt ein paar davon, sie sind geldgierig, sie sind rettend, sie sind gewinnbringend, sie werden verschwiegen, sie werden vernichtet, sie werden getrieben, sie werden zerstört, sie werden unwahr, sie werden vergessen, sie werden verstanden, sie werden gesehen, sie werden gesucht!

Zeitfracht Medien GmbH
Ferdinand-Jühlke-Straße 7
99095 Erfurt, Deutschland
produktsicherheit@kolibri360.de

... bis Fuß

Wie wär's mit einem Peeling?

Mischen Sie 1 Becher Naturjoghurt mit 4 EL geriebenen Mandeln und 2 EL Ananassaft – fertig ist das Körperpeeling.

Baden wie Kleopatra?

Je 1 Tasse Olivenöl und Vollmilch mit einem 1 EL Honig mischen und alles zum Badewasser geben. Himmlisch!

Ultraschnelle Körperpflege nötig?

Mixen Sie 1 Tasse zimmerwarme Vollmilch mit 1 Tasse Öl, dann fügen Sie einige Tropfen Duftöl dazu – eine wunderbare Köpermilch!

Trockene, rissige Hände?

50 g Sahnejoghurt mit je 1 EL Olivenöl und Honig sowie 3 pürierten Erdbeeren verrühren. Auftragen, mit Alufolie umwickeln, ½ Stunde einwirken lassen, abspülen. Das Ergebnis sind weiche, schöne Hände.

Sonnenbrand?

Mischen Sie 1 EL Quark mit 1 EL Naturjoghurt und je 2 EL kaltem Pfefferminz- und Kamillentee. Das kühlt und pflegt.

 Für alle Mittelchen aus der Küche gilt:
Stets frisch anrühren und sofort verbrauchen!